당신 품안에 있으면서도 나는 당신을 찾았습니다

당신 품안에 있으면서도 나는 당신을 찾았습니다

지은이 · 정학진
초판 1쇄 펴낸날 · 1999년 6월 1일
초판 5쇄 펴낸날 · 2003년 5월 6일
펴낸이 · 김승태
출판사업본부장 · 김춘태
편집장 · 최창숙
등록번호 · 제2-1349호(1992. 3. 31)
펴낸곳 · 예영커뮤니케이션
      110-616 서울시 광화문 우체국 사서함 1661
      출판유통사업부 T. (02)766-7912 F. (02)766-8934
      출판사업부 T. (02)766-8931 F. (02)766-8934
      E-mail: jeyoung@chollian.net

ⓒ 정학진, 1999

ISBN 89-8350-153-7

값 5,000원

■ 잘못 만들어진 책은 언제든지 교환해 드립니다.

당신 품안에 있으면서도 나는 당신을 찾았습니다

정학진

예영커뮤니케이션

이 책을 한평생
하나님 나라 확장을 위해
애쓰시다가 먼저 하나님 나라로 떠나신
윤주봉 목사님께 바칩니다.

발문

　목회자이면서 아울러 시인의 길을 걸어 온 정학진 목사는 이 세상 삶에서 좋은 몫을 택한 분이라고 여겨진다.
　두 가지 모두 힘겹기는 하되 인간적이며 인간의 삶답게 진실을 지향하는 발걸음이기 때문이다.
　그의 말에 의하면 시를 향한 그 정진의 세월도 이미 15년을 헤아린다는 것이고, 오늘에 이르러 그는 기독교문화예술연합회와 국민일보가 공동 주관한 전국 신앙시 공모에서「바람과 깃발」이라는 작품으로 영예의 대상을 받았다.

　여기 쓰여진 작품들을 읽어 보니 우선 그 감성이 따스하고 결 고우며, 여러 대상물에 한결같이 감동과 친화력을 지니고 다가선다.
　그리하여 화해와 공감을 얻어 내고 그 스스로부터 삶을 살아 볼 만한 복된 가치로 끌어올린다.
　더러는 각 시편마다 그 서정의 빛깔이 독립된 것이었으면 하는 욕망이 치받는 바도 있으나, 이분이 기도와 시를 하나로 합하여 삶의 지표로 세워 놓고 이를 향하여 평생을 걸어갈 일을 믿는 입장으로 다시 볼 때 유예를 두고 기다릴 일이라는 생각이 든다.

신앙과 문학의 길을 끝까지 향해 갈진대 더욱더 발전과 성숙이 따를 것이리라.

신앙과 창작의 두 갈래길, 그러나 종국엔 하나이며 매우 준열하고 가파른 고행길이 될 것이나 뜻을 굽히지 않으면 그 닿는 곳이 참으로 은혜로우리라.

정학진 목사의 첫 시집을 진심으로 축하드린다.

1999년

김남조(시인, 前숙명여대 교수)

추천사

영혼을 불 밝혀 주는 詩

정학진 목사의 시에서는 언제나 흙 냄새가 나고 풀 냄새가 나며 꽃 냄새가 나고 말씀의 냄새가 난다.
그것은 그의 환경, 즉 농촌목회에서 오는 영향이라 하겠다. 그만치 그의 시는 다양하다. 누구나 다 접할 수 있는 시다.
그의 시는 환경 따라 신선하고 따스하며 사랑이 넘쳐 있다. 이것이 목회자 아닌 시인의 시와 다른 점이다.
우선 그의 시는 시의 가장 중요한 수단인 시어표현(詩語表現)에 성공하고 있다. 시어 하나하나가 세련되어 있고, 운치 있는 말을 골라서 쓰고 있다는 점이다.
그의 시에서 쓰인 언어구사에서 그의 불타는 시혼(詩魂)을 볼 수 있다.

그러면서도 그의 시에는 묘한 흐름이 있다. 그것이 그만의 독특한 운율(韻律)인 것이다. 이런 연유로 그의 시 표현은 간결하며 호흡이 짧은 것이 특색이다.

여기 쓰여진 것들은 그가 목회하고 있는 남양 원천에서 얻어진 시다.

그가 목회하는 원천은 대단히 아름답다. 원천에서 이는 솔바람, 흙 냄새, 사람 냄새가 한결 우리들의 영혼을 맑게 씻어 주고 있다.

정학진 목사는 좋은 시로, 은혜로운 말씀으로 우리들의 길을 불 밝혀 주고 있는 것이다.

1999년
李姓教(시인, 국문학 박사, 성신여대 명예교수)

책머리에

지난 가을
극히 외로워하는 내 모습을 보며 그가 말했다.
"가을을 타시나 봐요."
나는 짧게 대답했다.
"내 마음은 늘 가을이죠."
그랬다.
철나면서부터 내 인생의 계절은 항용(恒用) 가을이었다.

추적추적 늦가을 비가 내려 오스스 몸이 떨리고
시도 때도 없이 낙엽이 날리고
마음의 창이 덜그덕거리며 울었다.
청하지도 않은 바람이 몰려와
문풍지를 울리며 지나갔다.
싸아 하니 대숲이 울곤 했다.
누군가 대숲 속에 홀로 앉아
울면서 신새벽비를 맞고 있을 거라는 생각을 키웠다.
나처럼 지지리도 외로워하는 사람이

또 있을거라며 내심 위로했다.
중·고등학교에서의 대중집회를 감동과 감격 속에서 마쳤을 때에도, 청년·대학부 연합 부흥집회를 은혜 가운데 마치고 돌아올 때도 마음은 늘 허적했다.

내 아는 친구 놈들은 현실에 적응도 잘 하고 보란 듯 잘 살아간다지만 난 왜 이다지도 흔들리며 살고 있는지.
안정된 일터와 따스한 가정을 가진 봄철 인생도 있고 일에 몰두해 자신을 불태우는 여름 인생도 있는데 왜 나는 노상 낙엽지는 가을일까.

그러다 문득,
내가 평생 추구하는 그분의 계절도 가을임을 알았다.
그랬다.
우린 가을에 만난 것이다.
아니 어쩌면 그분은 가을에만 만날 수 있는 분인지도 몰랐다.
그분과 만나면서 내 인생이 바뀌기 시작했다.

세상을 보는 눈도 달라졌고 이웃을 보는 시야도 넓어졌다. 나처럼 진리를 찾으러 지독히 외로워하는 사람이 도처에 많이 있음을 알았다.
그들과 함께 홀로움을 나누고 시린 어깨를 감싸안기

위해 부끄러운 펜을 들기로 했다. 지나온 고민의 흔적들을 글로 옮겼다.

내게 있어 신앙은 여행이다.
종교적 표현을 쓴다면 '순례' 라 할 수 있을 것이다.
'머무름' 이나 '섬' 이 아니라 계속 움직여 나가는 것, 즉 끊임없는 '추구' 이다.
길을 가다 '공사중' 이란 팻말을 본 적이 있는가? 이 말 뒤에 어김없이 뒤따라오는 말이 있다. "통행에 불편을 드려 대단히 죄송합니다." 이것을 전라도 말로 하면 "댕기는 디 성가시게 해서 워쨚댜?" 이다. 벌써 10여 년 전 목사 안수를 받았지만 '된' 것이 아니라 '되어가고' 있는 것이다
'이미 이룬' 것이 아니라 몸부림치며 '나아가고 있는' 것이다. '과정중' 혹은 '공사중' 이기 때문에 많은 이에게 상처를 준다. 실망을 준다. 불편을 드려 죄송할 따름이다. 나 같은 놈은 통 사귀어선 안 될 위인이다. 당신도 내 날카로운 독설에 살갗이 베일지 모른다. 내 뜨거운 욕망에 피부를 델지 모른다. 아무튼 나는 지금 내가 만나는 모든 이에게 죄송할 따름이다.

태양도 '공사중' 이다. 잠시도 쉬지 않는다.
이른 아침 동쪽에서 몸을 일으킨 이후 가벼운 여장으

로 길을 떠난다.

  쉼없이 움직이는 태양처럼 그렇게 움직여 나가야 한다.

  진리를 찾을 때까지, 진리 안에서 지친 몸을 뉠 때까지 이 방황은 계속될지 모른다.

  그분 품안에 있으면서도 님 찾아 헤매는 순례자,

  나는 평생 진리를 찾아 헤매는 순례자로 남고 싶다.

  그리고 꿈에도 그리던 그분 품안에 안겨 숨을 고르고 싶다.

  못난 글을 추천해 주신, 큰 어른 김남조 선생님과 질퍽거리는 진창에서 나를 끌어올려 주신 이성교 교수님, 김소엽 선생님, 몇 달을 고민하며 정성껏 서평을 해 준 친구 김병훈과 예영커뮤니케이션의 김승태 사장님 그리고 나를 나보다 더 사랑하는 그대에게 감사하다는 인사를 꼭 전하고 싶다.

차례

발문	■ 6
추천사	■ 8
책머리에	■ 10

제 I 부
비는 제 혼자 소리를 내지 않는다

석류	■21
그루터기의 노래	■22
호른의 고백	■24
허기	■26
무너지는 다짐	■27
바람	■29
바람 2	■31
노을	■32
잠드는 바다	■34
비는 제 혼자 소리를 내지 않는다	■36
당신의 불 위에	■38
모탕	■40
쓰러진 벼	■41
선인장	■42

제II부
당신 품안에 있으면서도 나는 당신을 찾았습니다

당신 품안에 있으면서도 나는 당신을 찾았습니다 1 ▪47
당신 품안에 있으면서도 나는 당신을 찾았습니다 2 ▪49
당신 품안에 있으면서도 나는 당신을 찾았습니다 3 ▪51
당신 품안에 있으면서도 나는 당신을 찾았습니다 4 ▪53
당신 품안에 있으면서도 나는 당신을 찾았습니다 5 ▪55
당신 품안에 있으면서도 나는 당신을 찾았습니다 6 ▪57
당신 품안에 있으면서도 나는 당신을 찾았습니다 7 ▪59
당신 품안에 있으면서도 나는 당신을 찾았습니다 8 ▪61
당신 품안에 있으면서도 나는 당신을 찾았습니다 9 ▪63
당신 품안에 있으면서도 나는 당신을 찾았습니다 10 ▪65
당신 품안에 있으면서도 나는 당신을 찾았습니다 11 ▪70
당신 품안에 있으면서도 나는 당신을 찾았습니다 12 ▪72

차 례

제Ⅲ부
사랑은 쓰지 않은 무한대이다

탯줄	■77
파지	■78
용서	■80
겨울나무	■82
보리차 티백	■85
비본래적인 삶	■86
自省(1)	■88
自省(2)	■90
自省(3)	■92
길	■93
영전 앞에서	■96
낯선 타인	■98
앞선 사랑	■101
책임적 자아	■103

제IV부
불치의 그리움은 혼혼으로 타오르고

사랑보다 깊은 그리움	■107
원천리 배씨	■108
할미꽃 1	■110
할미꽃 2	■111
신정론 (神正論)	■112
진리에 눈 뜬 사람은	■114
구도자	■116
해질녘	■119
갈대와 별빛	■120
자기 땅에서 추방당한 자	■122
탕자의 고백 1	■124
탕자의 고백 2	■126
약속	■129
드라이 플라워	■130
문주란	■131
모세에게	■133
그리움의 사랑	■137
정학진 시비평	■139

제1부

비는 제 혼자 소리를 내지 않는다

석류

너를 향하여
내 가슴을 쪼갠다

네가 원한 것도 아니지만
속사정을 밝히지 않으면 견디지 못할 것 같아
내가 먼저 가슴을 쪼갠다

얼마큼 드러내야
내 진실 알아줄거나

내면을 드러내도
속살 깊이 파헤쳐도
언제나 멀찍한 당신

오늘도 등 돌린 당신을 향해
가슴을 쪼갠다
쪼개는 아픔만이
나를 나되게 한다

그루터기의 노래

정들었던 알곡을 떠나보내고
텅 빈 농토를 지키는 그루터기
외로움을 달래 주려
마실 온 파란 하늘로 논 안이 가득하다

모두 떠났지만
쉬 발을 뺄 수 없다
오늘도 차디찬 논바닥에 발 담그고 서서
풍성하던 가을 하늘을 반추한다

아무리 베어져도
뿌리째 뽑힐 순 없다

떨어져도 떨어져도
아직도 닿지 않는 외로움의 나락
도대체 그 외로움의 밑동엔
무엇이 자리하고 있는 걸까

떠나선 안 된다
이대로 떠날 순 없다

절대자의 명령 때문만이 아니라
살아왔던 생의 터전이었기에
온 겨우내 논바닥에 묻혀 썩을지라도
논물에 잠겨 거름될지라도
날카로운 쟁기에 갈풀과 함께 갈릴지라도

농부들은 봄날 모를 심는다
무너져 거름된 내 위에
자신을 심는다
넘어진 희망을 심는다

호른의 고백

시끄럽고 넓은 세상
바이올린처럼
구슬픈 음색도
피아노처럼 낭랑한 목소리도 없어
낮은 소리로
뿌뿌거리며 울음 웁니다

휘적휘적 휘어진 허리 감돌아
허공을 쳐
내 안에 잠든 메아리 끄집어 내며
뿌뿌거리며 울음 웁니다

당신이 넣어 준
생의 숨결이
속에 남아 있던
절망을 몰아내며
희망의 울음 웁니다

내 지친 어깨를 미는 건
당신의 숨결
오늘도 살아가는 생의 근거는
당신의 숨결

당신의 숨결 있을 때에만
내겐 의미 있고
내가 살 수 있고

살아 있음을 알리기 위해
뿌뿌거리며 울음 웁니다

거칠고 시끄러운 세상
바짝 웅크린 채
낮은 소리로
뿌뿌거리며 울음 웁니다

허기

맞아
어쩜 사랑이란
허기 같은 것인지도 몰라
시간이 기울면 기울수록
더는 못 견디겠는 거야

적당히 자세 곧추세우고
짐짓 근엄한 표정 지어 보지만
갈수록 견디기 힘든
허기가 몰려와
그리움으로
안타까움으로
신물이 넘어오는 거야

맞아
어쩜 사랑이란
허기 같은지 몰라

무너지는 다짐

이젠 다시 당신을 만나선 안 된다

이렇게 스스로에게 다짐해도
나는 끝없이 무너진다
정신을 차리고 깨어 보면
당신 창문이 보이는 골목
손톱 조곡조곡 깨물며
당신 향한 그리움을 지운다

당신과 함께 했던
그림 같던 추억을
컴퓨터 파일처럼 지울 수만 있다면

과거에
나빴던 기억과
지우고픈 회상만을 되살리며 되살리며
그리움 함께 지우려 하지만
기억은 더 큰 보고픔으로 밀려와
내 허기진 영혼을 채운다

장대비가 퍼붓는 신새벽
골목 안에 주저앉은 날
일으켜 세워 줄 이 누군가
이 넓은 세상에서
오욕의 육신 기댈 곳은 어딘가

바람

먼길을 쉼없이 달려온 때문일까
키 낮은 산중턱에 앉아
저리 숨을 헐떡이고 있는 것은

바람이 닫친 입을 열고 노래할 때마다
이파리들은 손뼉을 치고
소나무는 팔뚝을 흔들며 환호한다

바람은 갈 방향을 정하지 않지
어디든 청하는 곳 있으면 주저함 없이 달려가야 해
어서 오라 손짓하는 노목 숲에도 가고
향기 진한 5월의 화원, 그 유방 속으로도 파고들지
라일락 꽃잎에 머물다
그 향기 온 세상에 퍼뜨리기도 하고
민들레 꽃씨를 퍼치는 건 바람의 일이야

바람은 갈 방향을 정하지 않지
달려가는 건 운명이야
부르는 건 숙명이고

자갈길에 머릴 박고 나뒹굴기도 하고
가시덤불을 지날 때도 움츠리지 않아
이따금 미친 듯이 머릴 풀고
신명나는 춤 속에서 흐느끼는 것은
사랑이 그리운 때문일 게야

지금 저기 저렇게
살갗이 찢기고
피가 맺힌 건
방금 가시밭길을 지나온 때문일 게야

바람은 갈 방향을 정하지 않지

바람 2

아무 데도 없고
어디에나 있다

어디든 갈 수 있고
아무 데도 갈 수 없다

실체하지 않으면서도
분명히 존재한다

그대 향한 내 사랑
날 향한 그대 사랑

노을

강물을 타고
노을은 어딜 가는 걸까
쉼없이 흐르고 흐르면
님에까지 다다를 수 있을까

서럽서럽
흐느껴 울며 흐르는 강물에
낡아져 가는 나를 띄우면
당신 나라에 이를 수 있을까

쉼없이 달려온 하룻길
떠나기가 그토록 아쉬운 걸까

구름은 절뚝거리며
목발로 서산을 넘고
겨울은 긴 한숨 토하며
낮은 포복으로 높새바람을 넘는데

노을은
남은 자들을 위로하려
태양이 벌이는 마지막 제사
그 앞에 고개 숙이며
나직이 흐느끼는 기러기떼

하늘도
벌겋게 함께 타오르며
노을이 떠나는 길 전송하네

잠드는 바다

바다도 잠이 드는가

이따금
득달같이 달려온 서치라이트만이
곤한 바다를 흔들어 깨우지만
하루 종일 쉬지 않고
자맥질 친 바다는
흰 거품을 게우며 연신 코를 골고 있다

날 세운 파도만이 달려와
홀로 선 바위를 애무하며
무너져 내린다
포말로 부서진다

바다도 갈매기도 자갈도 바위섬도
수평선도 소나무도 백사장도 그리고
빈어(貧魚)의 고깃배도
그렇게 잠이 든다

이따금
바다가 뒤척이며
선잠 든 등대를 확인한다
잠든 바다 위를 지나는
한 줄기 을지의 선(線)
멀리서 서서히 몰려드는
구름 이불이 두려운 걸까

동해에서
몸을 일으킨 태양이
아슴하게 두 눈을 찔러오는 아침
잠 턴 어부 일어나
밤새 내려둔 그물 길어 올리며
파릇거리는 미래를 건진다
그러나 아직은 밤
숨죽여 새벽을 기다려야 한다
파수꾼이 새벽을 기다리듯

비는 제 혼자 소리를 내지 않는다

비는 제 혼자 소리를 내지 않는다

아무리 세차게 떨어질지라도
내리는 것만으론 소리가 나지 않는다

무언가에 부딪쳐야
빗소리가 난다
자신의 살아 있음을 알리기 위해
끝없이 부딪친다
깨어진다

논두렁과 양철지붕 위
훈련소 벙커와 비닐 우산
승용차 덮개와 푸석이는 대지
고개 숙인 벼와 하늘거리는 코스모스
심지어는 공기와도 부딪쳐 소리가 난다
깨어지며 부딪치며 소리를 낸다

비는 부딪칠 때 비로소 살아 있다

꽃잎 위에 떨어져
향기를 내고
풀섶에 떨어져
나무와 풀을 키운다
메마른 대지에 부딪치며
만물을 먹인다

지금,
천둥처럼 울린 이 빗소리는
내 가슴 속에서 울린 이 소리는
무엇과 부딪쳐 난 소리일까

비에 맞은 가슴이 아리다

비는 살아 있음을 확인하기 위해
끝없이 부딪친다
부딪치며 깨어질 때
비로소 비는 살아 있다

당신의 불 위에

비린내 나는 생선도
불에 구워지면
냄새가 변하고 맛이 나듯

나도 당신 불 위에 놓이면
변할 수 있을까요

프라이팬에
눌어붙지 않기 위해
밀가루 옷을 입히고
기름을 쳐야 하듯
뜨거운 불에 달궈져야 하듯

나도
기도의 옷을 입고
말씀의 기름을 부어
성령의 불에 달궈지면
당신의 맛
살아날 수 있을까요

나를 당신의 불 위에 올려놓으소서
뜨거운 불로 구워
나를 바꾸소서

모탕

원천리 배씨가 나무를 팬다
웃통을 벗어제치고
날선 도끼로 장작을 팬다

세찬 도끼날에 찍혀
여린 살갗 패이고
긁힌 피부 사이로
세월의 애환이 서린다
이를 앙다물고
고통과 싸워야 한다

계속되는 도끼날로 인해
지문도 사라지고
이리저리
나무토막이 튄다
삶이 튄다

이 길은 비아 돌로로사(Via Dolorosa)
끝없이 반복되는 고난의 길

쓰러진 벼

수마가 훑고 지난 후
벼가 누워 있다
지친 삶
피곤한 육신 쉬느라
아예 벌렁 누워 버렸다

힘이 들기도 하겠지
못자리 집 떠난 후
한 번도 앉아 본 적이 없으니까

들려 오는 세상 소리에
귀를 막기 위해서일까
타락한 세상에 저항키 위해
스크럼을 짠 걸까

지친 몸을 쉬려
벼가 누워 있다
찬 논물에 얼굴을 묻고
가쁜 숨을 쉬고 있다

선인장

얼마나 심한 아픔으로
피부가 가시로 돋았을까

맹수의 공격을 막기 위해
가시가 된 것은 아니다

밖으로 드러나는 허영과 교만
영혼의 비만증을 없애려
잎 같은 삶을 접어 가시로 바꾸었다
이젠 가시를 침으로 바꿔 가야 한다

태양 빛보다 더 버거운 자신과의 싸움

아…어…지…러…워…

시간은 황무하게 죽어 나가 모래바람에 실려 가고
열판 같은 지표에 발 담그고 서서
혼미한 복사열에 현기증이 난다

이제 주어진 조건으로만 꽃을 피우고
남은 생은 그리움으로 채워 가야 한다
죽음보다 깊은 그리움에
하루 해가 진다

제 II 부

**당신 품안에 있으면서도
나는 당신을 찾앖습니다**

당신 품안에 있으면서도 나는 당신을 찾았습니다 1

같은 나무지만
강대상은 이미 나무가 아니고
같은 벽돌이지만
성전은 이미 벽돌이 아니다

같은 종이지만
성경책은 이미 종이가 아니고
같은 천이지만
성전 휘장은 이미 헝겊이 아니듯

당신 향한 내 사랑은
그 흔하디 흔한
인스턴트 사랑이 아니다
누구에게나 사랑이 그러하듯이

한평생 추구하며
모든 것 다 주어도
늘 목마른 사랑

당신 품안에 있으면서도
나는 당신을 찾았습니다

당신 품안에 있으면서도 나는 당신을 찾았습니다 2

저물녘
당신은 푸석하고 메마른 가슴 위에
한줄기 비로 내리고

하마 채우지 못하는 우울한 가슴
텅 빈 공간을 채우러
잠깐 동안 비되어 찾아온 당신

만물을 먹이는
비되어 내되어 생명수되어
표피를 뚫고
가슴으로 들어온 당신

어둠 내린 우주처럼
땅심으로 파고들면
불 밝힌다 한들 칠흑입니다

땅 속으로 혹은 하늘로
당신은 움직임을 계속하고

만물은 순환하며
자연은 변화를 계속하는데

왜
내 사랑은
막혀 있기만 한 걸까요
어둡기만 한 걸까요

이제 내 속에 스며들어 있는
당신을 찾고 싶습니다

당신 품안에 있으면서도
나는 당신을 찾았습니다

당신 품안에 있으면서도 나는 당신을 찾았습니다 3

당신을 사랑하는 일은
무덤을 파는 일
돌부리 나무뿌리 긁어 내며
무덤을 팝니다

더는 참을 수 없는 마음 안고
삽으로 무덤을 팝니다
사랑으로 그리움을 팝니다

덩그러니 지실(地室) 생기면
당신 향한 기다림도 그리움도
기억도 모두 묻고
횡대를 올려 놓습니다

이별의 만장 씌운 뒤
취토합니다

타닥타닥
관 위에 떨어지는 흙비 소리처럼

이승에서 끊긴 사랑

그리움을 묻고 돌아서니 겨울입니다
당신을 언 땅에 꾹꾹 눌러 심고
돌아서 내려오니
팝콘 같은 눈발 속에 당신 얼굴 흩날리고

온통 당신입니다

당신 품안에 있으면서도
나는 당신을 찾았습니다

당신 품안에 있으면서도 나는 당신을 찾았습니다 4

잎 피우기 전에
꽃부터 먼저 피우는 목련처럼
순서가 뒤바뀐 탓인가요
당신 향한 내 사랑의 아픔은

철들기 전부터 기다림을 배우고
여러 선택이 있다는 걸 알기도 전
운명처럼 당신을 택했는데

만나면서부터 느꼈던
원인 모를 두려움
헤어지기 전부터 생각한 이별
이젠 그 이별을
실천해야 할 시간입니다

속살이 보이는
투명한 그리움으로
남은 생을 채우며
내 사랑의 종착이 당신이길 기도했는데

정녕 내 몸이 흙으로 귀환되기까지
당신 한 분만이
궁극적 목적이길 기도했는데
충만한 빔이길 기도했는데

당신 품안에 있으면서도
나는 당신을 찾았습니다

당신 품안에 있으면서도 나는 당신을 찾았습니다 5

깊은 계곡은
품에 있던 물을
끊임없이 흘려 보내며
다시 채워지듯

떠나야
가득 참을
당신 떠난 뒤 알았습니다

당신에게서
떠나오자
내 속에 온통
당신 한 분뿐이었음을
알았습니다

나를 끊임없이 떠나보내신 당신
나도 당신 떠나보내면
당신으로 가득 찰 수 있을까요

사랑은 떠나는 것
신앙은 버리는 것
떠나보내야만 하는 것

모든 것 버리고 텅 비면
그땐 다시
당신으로 가득 찰 수 있을까요

당신 품안에 있으면서도
나는 당신을 찾았습니다

당신 품안에 있으면서도 나는 당신을 찾았습니다 6

나 온종일
당신 얘기뿐인데
당신은 날 향해
침묵하네

내 안엔 온통 당신뿐인데
당신 안엔 내가 없고
불러도 대답 없고
외쳐도 응답 없고

하늘에 있는 파란 하늘은
손으로 잡힐 듯 존재하나
실재하지는 않듯

내 안에 당신 꽉 차 있으나
손으로 잡을 수 없고
당신 목소리 가득하나
들을 수 없네
들리지 않네

당신 품안에 있으면서도
나는 당신을 찾았습니다

당신 품안에 있으면서도 나는 당신을 찾았습니다 7

참 이상한 일입니다
당신 없는 침대에서 잠을 자고
당신 없는 식탁에서 밥을 구겨 넣으면서도
이렇게 건강하게 살아 있는 건
형벌입니다

제 어미 품 파고들어
젖무덤 만지다 잠드는 아이처럼
차가운 세상에서 당신 그리워
오늘도 눈먼 손 더듬어 봅니다
어디 당신 모습 보이지 않고
흔적조차 있지 않은데

중후한 커피숍 의자에 앉아
황제처럼 차를 마셔도
가난한 영혼은 디오게네스처럼
자유롭지 못합니다
이젠 당신이
내 방랑의 종착이라면 좋겠습니다

이제 당신 한 분만으로
내 생의 마지막 의미를 삼았으면 좋겠습니다

당신 품안에 있으면서도
나는 당신을 찾았습니다

당신 품안에 있으면서도 나는 당신을 찾았습니다 8

혼자 깨는 아침과
외로움 속에 잠드는 저녁
어디에도 당신 모습 보이잖고

당신이 떠난 뒤
미친 듯이 당신을 찾아다녔습니다
다방과 음악감상실 대학교 채플과 극장
어디에도 당신 흔적 남아 있지 않고

흔적 없이 사라지는 연기처럼
당신도 홀연히 떠나고

정신 놓고 찾아다니다 문득
정녕 찾고 있는 건
당신이 아닌
나 자신일지 모른다는 생각이 들었습니다

당신 속에 스며든
나를 찾기 위해

줄창 당신을 찾고 있었던 것입니다
잃어버린 당신 형상 속에서
진짜 잃어버린 나를 발견하려
당신을 찾고 있었습니다

당신 품안에 있으면서도
나는 당신을 찾았습니다

당신 품안에 있으면서도 나는 당신을 찾았습니다 9

내 몸뚱어리에 신나를 붓고
성냥을 그어댄다 해도
그 연기 당신께 오를 수 있다면

배를 가르고
장기 하나를 떼어 내
당신의 모습을 닮은 누군가에게
당신이 그러했듯이
아무 조건 없이 주어
그 향기 당신께 오를 수 있다면

목마른 인생
허한 삶
당신을 사모하다 낡아갑니다

당·신·을·향·한·내·목·마·른·사·랑

시시때때로
비워지는 위장을 닮은

당신을 향한 그리움

당신 품안에 있으면서도
나는 당신을 찾았습니다

당신 품안에 있으면서도 나는 당신을 찾았습니다 10

소중한 지갑을
분실하고 돌아온 날
가방을 스무 번도 넘게 뒤져 보았습니다
행여 끼어 있을세라
가방 속과 방 구석구석
책상 서랍과 침대 밑도
샅샅이 살펴보았습니다
분명 밖에서 분실한 것인데
그 사실을 쉬 인정할 수 없었기 때문입니다

인생의 밀밭 길에서
신학교 강의실과 지친 행군로
일상성의 현실과 버거운 삶 속에서
생명보다 소중한 당신을 분실한 날
서럽게 울며
골목 안을 헤매 다녔습니다
화들짝 놀란 가슴 달래며
샅샅이 찾아다녔습니다
온밤을 꼬박 사르며

당신 찾는 데 골몰해 있었습니다

예배당 제단과 선술집,
조직신학 책갈피와 폴 틸리히 전집,
순수이성비판, 국가론, 자유에서의 도피, 정신분석입문
불트만의 실존론적 성서해석

어디에도 당신 모습 보이지 않고

유원지에 왔다가
부모 잃고 울며불며
돌아가는 아이처럼
꺼이꺼이 울며 돌아오곤 했습니다

장대비가 퍼붓던 날
전봇대를 쓸어안고 구토를 하며
결론을 지어야 했습니다
당신은 세상 어디에도 없다고

가슴 한켠이 무너지고 있었습니다
담뱃불로 심장을 지져도
이토록 아릴 수 있을까요
균열난 상처에 굵은 소금을 문지르듯
언필칭 말로 표현 못 할
고통이 찾아왔습니다

그냥 이대로 눈이 떠지지 않기를

그렇게 기도하며 골목 안에 쓰러졌습니다
세상이 모두 무너지고 있었습니다

토사물에 얼굴을 묻고
깊이 잠든 골목 안
비몽사몽간에
당신 모습 보았습니다

등 돌린 채
채찍에 맞아 피를 철철 흘리며

울고 있던 당신

내가 존재하는 이유는…
오직… 한 가지야…
너 때문이야
널… 위해 매맞은 거야…
널 위해 내려온 거야…

양철 조각이 삭아 끊어지듯
당신의 말은 조각조각 끊겼지만
그대로 날선 검되어 날아와 내 심장에 박히고

당신은 도포자락 휘날리며
다시 십자가에 오를 준비를 하고 있었습니다

아, 그날 난 명정히 보았습니다
날 위해 돌아서 울던 당신 모습을
그 선연하고 맑은 눈동자를
뱀처럼 혀를 날름거리며 떨어지는 채찍에

살점을 덜어 주고 피로 망울지던 당신 어깨

이젠 떨어지는 채찍에
내 어깨를 갖다 대어야 할 차례입니다

당신 품안에 있으면서도
나는 당신을 찾았습니다

당신 품안에 있으면서도 나는 당신을 찾았습니다 11

겨드랑일 잡고 가동질치면
방싯거리는 아이처럼
원인 모를 웃음으로도
당신을 기쁘게 할 수 있다면 좋겠습니다

내 손 꼭 잡거라
이렇게 복잡한 시내에서 놓치면 큰일난다

당신이 내게 말씀했을 때
나도 당신께 말했어야 하는데

힘이 없어 놓치기 쉬우니
당신이 내 손 꼭 잡아 주세요

지나고 나면 다하지 못한 사랑과
빼먹은 기도 때문에
언제나 발구르며 살아야 했습니다

외로움도 홀로 떠나는 신새벽

첫 열차에 앉아 물끄러미 창을 보면
어둑한 차창 저편에 비치는 당신의 영상
그 영상 속에 어른거리는 내 삶의 실존

당신 찾기 전에는
내가 나일 수 없습니다
나를 만나기 전에는
당신도 당신일 수 없습니다

당신 품안에 있으면서도
나는 당신을 찾았습니다

당신 품안에 있으면서도 나는 당신을 찾았습니다 12

당신을 만난 것은
내 인생에 아픔이었습니다
그러나 그 아픔 있을 때에만
내 삶엔 의미가 있었습니다

방황과 타락
그리고 객기란 방식으로
내 존재가치를 확인하려 했을 때도
내겐 아픔이었습니다

당신을 만난 것은
내게 불행이었습니다
그러나 그 불행으로 아픈 세월을 이겼습니다

당신은 내 인생 계획에
없던 분이었기 때문입니다

불청객으로 슬며시 다가와
주인으로 좌정하신 당신이여

당신 품안에 있으면서도
나는 당신을 찾았습니다

제Ⅲ부

사랑은 쓰지 않은 무한대이다

탯줄

내 것입니까
아니면
당신 것입니까

이빨로 자른다해도
하나가 둘 될 수 있을까요

떠나 있다고
멀리 있다고
당신과 내가 둘 될 수 있을까요

나이가 들면서
탯줄이 묻힌 곳을 그리워하는 인간처럼
내가 돌아갈 곳은
당신 품입니다

둘이 셋이 되고 열이 되도
당신과 나는 하나입니다

파지

깊은 밤
미친 바람 몰아치는
광야에 서서
당신을 그린다

어떡해야
이 내 마음
전할 수 있을까
온밤내
혼미한 잠 속으로
낙엽이 떨어져 쌓이고

싸아 하니
대숲을 적시는
새벽 빗소리를 들으며 일어나
그리운 이에게
편지를 쓴다
어디로 부쳐야 하는지
무슨 말을 써야 하는지

썼다가 찢고
다시 쓴다
당신 있는 곳을 알지 못하는
초조한 마음은
수백 장의 파지로 남고
글로 옮겨진 초라한 마음도
파지로 남고

어디 가야 당신 소리
들을 수 있을까
어디 가야 당신 숨결
느낄 수 있을까

용서

일곱 번 용서할까요

큰맘 먹고 그가 물었다
복수가 정의인 세상에서
세 번 용서하는 것도 대단한 세상에서
일곱 번이란 숫자는
그에게 무한대를 의미했다

허나
그분이 말했다
일흔 번씩 일곱 번 용서하라

이것은 결코
마흔아홉이란 특정 숫자를 의미하진 않는다
진정한 용서는
숫자를 뛰어넘는 법
사랑은 쓰지 않은 무한대이다

일곱 번 용서한다며

숫자를 헤아리는 사람은
당장의 복수를 뒤로 미루는 것일 뿐이다
지금의 응징을
차후로 유예시키는 것일 뿐
참된 용서는 아니다

용서는 숫자를 버린다

겨울나무

칼바람
폐부로 파고드는 혹한의 계절
겨울나무는 무엇을 하는가

여기저기
파산당한 신음 소리 들려 오고
손가락 하나 까딱할 수 없는 무력증
아, 이 절망의 시기에
겨울나무는 무엇을 하는가

어깨 무너진 실직자들
아파트 옥상에 편지 품고 오르고
찬바람 부는 거리로 내몰린 가장(家長)들
전깃줄을 든 채
고목나무 밑을 서성일 때
겨울나무는 무엇을 하는가

바람이 세차다
정말이지 바람 속에 송곳이 들어 있는 걸까

눈보라 북풍 한설로
한치 앞도 보이지 않는
혹독한 시련의 계절
겨울나무는 묵묵히 뿌리를 내린다
숨이 턱턱 막혀 호흡하기 어렵고
서 있기조차 힘이 들수록
오히려 물을 찾아 밑으로 내려간다

가지마다 꽃봉오리 피우고
탐스런 열매 맺는 계절을 그리며
뿌리를 내리고 있다

죽었다고 비웃지 말아라
죽은 게 아니라 자고 있을 뿐이다
아니 보이지 않는 곳에선
더 가열찬 생명에의 활동을 하고 있다

봄은 모든 만물에 공히 오지 않는다
겨울을 잘 보낸 나무에게만

꽃 피는 봄이 온다

보리차 티백

사랑 같은 열정
푹푹 끓어 수증기로 피어 오르면
난 뛰어든다 펄펄 끓는 그대의 가슴 속으로

내 안에 남아있던 향내, 영양 모두 바쳐야지
그대에게 남아 있는 이물질 중금속
모두 빨아들이기 위해
더 펄펄 끓어야 한다
내 안에 것들을 더욱 강렬하게 용해시켜야 한다
더 철저하게 나를 부숴야 한다

내 몸 전체가 우러나와
혼곤해지면
건져 올려질 초라한 슬픈 운명

난 좋아라
구수하고 향긋한 보리차 되기 위해
지금은 비록 그윽한 향내 아닐지라도
달콤한 향이 아닐지라도

비본래적인 삶

나도 알아
날 보는 네 눈이
불안해 하고 있다는 걸
방황과 객기로만
내 자신을 확인하려 하고 있다고
못마땅해 하는 네 마음을

그치만 어쩌니
이게 난 걸
이런 무너짐을 통해
살아 있음을 느끼는 걸

너도 네 자신으로 돌아가야 해

방황을 하든
고민을 하든
네 자신에게로 돌아가야만 해

손톱 밑에 찔린 가시엔
호들갑을 떨면서도
간에 암세포 자라는 것 모르고 살 듯
눈에 보이는 것만 전전했지
더 깊은 세계가 있다는 것을
애써 외면하려 하는 네 비본래성을

불치의 병에서 놓임 받은 환자가
작은 타박상을 불평하듯
언제나 귀한 것 놓치고
불평하는 네 삶의 태도를

서로가 자신에게로 돌아가야 해
본래적인 자아에게로

自省(1)

초여름 산에 가면 뱀이 무서웠어
할머닌 노상 말씀하셨지 뱀을 만나 도망할 땐 갑자기 방향을 틀어라 그러면 널 따라오던 뱀도 갑자기 방향을 바꿀테니까 방향을 갑자기 틀면 뱀은 허리가 부러진단다 뱀은 갑자기 허리를 틀지 못해 그래서 허리가 부러지고 마는 거야 가끔 우리의 삶 둥그스레한 성격과 완만한 선을 그으며 살아야 하는 게야
그런데 내 성격은 왜 이리도 직선적인지 허리가 부러져 다른 이를 아프게 해 남의 허리도 부러뜨리고 말아 강한 바람엔 대(竹)보다 갈대가 더 오래 가는 법인데 나는 왜 이다지도 세상의 세파에 허리 꼿꼿이 들고 살고 있는가 딱딱한 이빨보다는 혀가 더 강한 법이야 100살이 넘는 노인들 대부분 이는 빠졌지만 혀가 빠진 사람은 없거든 오랫동안 살아남는 것 그것이 강한 것이야 끝까지 견디는 것 그것이 정말 강한 것인데 나는 왜 허리 빳빳이 세우고 있다가 이따금 꺾여지는가 바꾸어야 해 쇠붙이로 만든 종일수록 나무로 쳐야 소리가 나는 법이야 종은 치는 힘만큼 소리가 울린다지만 어쨌든 나무로 쳐야 종소리가 나는 법이야 이젠 쇠몽둥이를 치우도록 해 보드랍고 결

이 살아 있는 나무로 살아야 해 끝까지 견디는 것 그것이 강한 것이야

自省(2)

바다가 강보다 위대한 것은 단순히 덩치가 크기 때문만은 아냐 밑에 있기 때문이지 숨가쁘게 달려온 강물을 가슴으로 보듬어 안기 때문이야 언제나 주름주름 접혀 물결로 살아오면서 깊은 마음을 전해 주기 때문이야 홍수가 난다고 쉽사리 넘치는 법도 없고 가뭄이 든다고 허옇게 뱃가죽을 드러내지도 않아 언제나 한결같은 넉넉함이 좋아 밑에서부터 채워지는 겸손함 때문에 언제나 충만해 있는지 몰라 더 밑에 공간이 있으면 견딜 수 없어서 밑으로만 달려가는 인생 그것이 바로 바다가 지닌 특성이야 그래서 그런 걸까 아무리 현대 건축학이 발달하고 건물을 짓는 기술이 나아졌다 해도 여전히 수평을 재는 것은 물호스야 물호스가 없는 목수는 목수도 아니잖니 바다는 언제나 강의 하류와 맞닿아 있어 강 하류로 내려갈수록 급류도 완만해지고 물의 흐름도 부드러워지지 인생의 강도 그런 줄 알았어 삼십이 넘고 사십이 가까워 오면 부드러움과 넉넉함을 함께 지니고 적당히 감정도 제어하고 아픔도 안으로 삭히며 내가 나를 완벽하게 컨트롤할 줄 알았어 하지만 지금의 나는 아냐 시간이 지날수록 더욱 초조해지고 소심해져서 안절부절못하는 거야 소싯적에는 감사하며 넘어갔을 일들이 하나 하나 목젖에 걸리고 예전에는 보이지도 않던 일들이 너무 생경하게 살아나 그냥 지나칠 수 없게 하는 거야 급류에 쓸려오던 거친 돌이 매끄러운 자갈로 그 모습을 달리하듯 모난 인격과 거친 성격이 어느 때쯤 완만해질까 내가 나를 인정하고 자랑스러워할 수 있을까 내가 아직도 세파에 덜 시달려서인지 몰라 아직도 모난 부분이 많아서일 거야 스스로의 가슴 달구고 많은 이에게 상처를 주는 것은

自省(3)

나는 귤보다 사과가 더 좋아
사각사각 씹히는 느낌 때문만은 아냐 사과는 제 안에 씨를 간직하고 있어 사람들에게 먹힐 때 더 많은 씨앗을 퍼뜨릴 수 있기 때문이지 사과는 또한 칼을 대고 살갗을 오려야 비로소 옷을 벗어 손쉽게 옷을 훌러덩 벗진 않아 이놈 저년 아무한테나 쉽사리 자신을 던져 넣지 않지 피부가 벗겨져 피가 나고 때로는 많은 살점이 떨어져 나가 아픔이 폐부 깊숙이까지 사무친다 해도 쉽사리 옷을 벗지 않아 귤처럼 손쉽게 중심이 갈라지고 흩어지지도 않아 나는 그 오만함이 좋아 나는 과연 이런 오만함을 가지고 살고 있는가 혹 나 자신만을 위하는 오만함은 아닌가 그건 오만함이 아냐 건방짐이지 교만을 오만함이란 허울 속에 숨기고 살고 있는 거야 거룩한 자존심 위대한 오만함을 지녀야 해 이런 물렁한 개 같은 세상에서는

길

태초에
하나님이 천지를 창조하셨을 때
모든 게 완벽하게 갖추어 있었지만
단 한 가지 없는 게 있었다
길이 없었다

하나님은 천지를 창조하셨고
길을 만든 건 인간이었다

아담이 걸으면 아담로(路)가 되었고
대홍수 뒤
노아가 걸으면서 신작로가 되었다

이름 붙이기 좋아하는 아담의 후손들은
세상 모든 사물에 이름을 붙였다
달이 지나는 길을 월경(月經)이라 하고
소녀가 가는 길을 소녀경(少女經)이라 했다

갈수록 세상에는

혼돈을 바로 잡기 위해
길이 생겼다
정글에도 길이 있고
바다에도 해로(海路)가 있듯
하늘에도 항로(航路)가 있는데
왜 사람들의 가슴 속엔 길이 없을까

시간이 흘러
사람들이 지나가는 곳마다 길이 생겼다
예수가 걸었다 하여
성경(聖經)이라 하였고
석가가 지나간 길을
불경(佛經)이라 했다

경(經)이 곧 길이고
눈 한 번 더 뜨고
돌아보면
우리 앞에 분명한 길이 있는데
왜 우리는

그 길에 대해 이야기하면서도
걸으려고는 하지 않는 걸까

걸어가지 않는 길은
길이 아니다

태초에 하나님이
천지를 창조하셨고
역사 가운데 하나님은
길을 보여 주셨듯
최후에 하나님은
걷지 않은 길에 대해 심판하신다

영전 앞에서

어쩌면
먼저 떠난 그댈
이다지 그리워하지만

이렇게 여러 사람
눈물의 환송 받으며
노을을 등지고 떠나는 그대가 더
행복할지 모르지

사람에게 있어 최선은
태어나지 않는 것이고
차선은 되도록 일찍 죽는 것이라고
소포클레스인지
소 포클래인인지 말했다지만

죽음은 불가항력적 상황이다
모든 걸 무너뜨린다
그러나 죽음을 이길 방법은 오직 한 가지
자연적인 죽음이 찾아오기 전에

스스로 죽으면 되는 것이라며
쇼펜하우어인지
쇼 팬티하우스인지 말했다지만

죽음은 그래도 슬픈 것
헤어짐의 완성이기에
사랑하는 사람의 기억 속에서
잊혀진다는 것은
생각만으로도 끔찍한 일이다

기억해야만 한다
사랑은 기억하는 것이다

사랑만이 죽음의 불가항력을 이길 수 있다
오, 놀라운 사랑이여

낯선 타인

사람들은 그를 미친놈이라 불렀다

그러나 내 눈에는 기실
그렇게 부르는 세상이 미친 거였다

그는 이따금 시내버스를 탈 때
뒤로 타서
앞으로 다가와 요금을 내곤 했다

한번은 길을 가다가
호주머니를 털어 새장에 갇힌 새를 샀다
그리곤 곧바로 새를 날려 보냈다
당신 지금 뭐하는 거요
화난 주인은 눈을 부라리며 입에 거품을 물었다
돈 주고 산 거잖아요
내 것 내 맘대로 하는데 무슨 상관이에요
당신 지금 미쳤소
주인의 말이 격앙되었다고 느낄 때
그도 목에 고무줄을 세웠다

그래 당신은 정신이 멀쩡해서
새를 새장에 가둬 두는 거요
새는 어디에서 살아야 하는 거요
도대체 누가 미친놈이요

시장 한복판을 지나다
개고기를 팔던 장수에게 다가가
주머니 쌈짓돈을 털어
개고기를 사서
땅에 묻어 주었다
명복을 빌면서
개 같은 세상에서
제 역할을 다하고 떠난 개를 위해 묵념했다
그리고 개만도 못한 사람들을 위해 빌었다

메밀국수를 먹을 때
면을 집어 양념장에 넣었다 먹어야 하는데
그는 언제나 무 양념장을 메밀국수 위에 부었다
줄줄 장국이 새고

건더기만 초라하게 국수 위에 남았다

이러지 마 장국이 새잖아

괜찮아
인생이란 원래 그런 거야
대나무 판 위에 놓인
불어터진 메밀국수 같은 거야
그렇게 새는 게 인생인 걸

이십 년쯤 먼저 세상에 온 그를
이해하게 되는 날은 언제쯤일까
도대체 이해할 수나 있을까

앞선 사랑

산이 있기에 오른다고
누군가 말했다지만
오르려 하기에
산은 존재하는 것이다

산이 퍼질러 있어도
오르려는 놈이 없고
의지가 없고
도전이 없으면
그것은 이미 산이 아니다

하늘이 있기에
올려다보는 게 아니다
올려다볼 때만
하늘은 존재한다
보지 않으면
이미 하늘은 하늘이 아니다
적어도 내게 있어선

그대가 있기에
그댈 사랑한 게 아니다
사랑했기에
그대가 있었고
그댈 만났다

그대가 있기 때문이 아니라
그대가 존재하기 훨씬 전부터
그댈 향한 내 사랑이 있었다

만물이 있어
그분이 계셨던 게 아니다
그분이 존재했기에
만물이 있을 수 있었다
그분은 만물보다 앞서 계셨다

책임적 자아

한 시인이 말했다지

실천할 수 있을 만큼만
소리치라고

나는 얼마큼의 소리를 지를 수 있을까

갑자기 숨이
턱하고 막힌다

어깨를 내리누르는 이 불안감
가위눌림

내가 탄 이 전기 끊긴 엘리베이터는
어디까지 떨어질 건가
사람 살려 살려 살려
소리치는 일이
무슨 의미가 있을까

살아나서 할 일은 또 무엇인가

제IV부

불치의 그리움은 창혼으로 타오르고

사랑보다 깊은 그리움

사랑한다는 말
안 해주서도 됩니다
그저
곁에만
있어 주시면 됩니다
빙그레 웃는 웃음만으로
그렇게 지켜만 주십시오

오지 않으서도 됩니다
그러나
깊고 시린 밤
견딜 수 있게
그리움 한 자락
가슴에 심어 주십시오

사랑보다 깊은 그리움으로
그댈 그리워하게 하십시오

원천리 배씨

원천리 배씨가 깨를 떤다

치익치익

낡은 키 속에
한 움큼의 검은 깨를 넣고
원천리 배씨가 깨를 떤다

머리에 하얀 수건을 질끈 동이고
원천리 배씨가
기도하듯 깨를 떤다

주문 같은 노랫가락을
주절주절 읊조리며
원천리 배씨가 깨를 떤다

머리 위에 있는 파란 하늘이
수건에 밸 것 같은 청명함

야트막한 언덕바지에
쪼그리고 앉아
종교의식을 집전하듯 깨를 떤다

자신을 떤다

할미꽃 1

꽃이 된 것은
그리움 때문일까

견딜 수 없는
더는 견딜 수 없는
그리움에
고개를 꺾네

할미꽃 2

누구의 넋일까

얼마만큼 사모하면
사랑이 꽃이 되는가

더는 치유할 수 없는
불치의 그리움은
황혼으로 타오르고

밤새 님 그리다
새벽녘
죄의식과 보고픔에 고개를 꺾네

신정론(神正論)

갑자기 터져버린 풍선 앞에서
잠시 망연해 하다가
울어버리는 아이

놀람 때문만은 아닐 게다
갑자기 사라진 실체에 대해
어떤 설명을 줄 수 있을까

아빠 젓가락이 굽었어
화장실 욕조에서 장난치던 아이가
젓가락을 들고
허겁하게 뛰어온다
어 이게 뭐야 그대로잖아
누가 이렇게 장난을 쳤지

보이는 세계는
나타난 세계로만 되는 건 아니란 사실을
우리 눈의 왜곡과
이런 굴절 현상을

어떻게 아이에게 설명해 줄 수 있을까
세상에서 일어나는 일들에 대해
극도의 부조리와 불합리에 대해
어떤 설득을 끌어올 수 있을까

언어를 조립하다가
또다시 망연한다
이내 자실한다

왜
선한 사람이 고통당해야 합니까

눈을 감고 무릎 세운다

진리에 눈 뜬 사람은

진리에 눈 뜬 사람은
고개를 숙여선 안 된다
고갤 꺾는 순간
와르르 슬픔이 쏟아져 내릴지 모른다

입술 앙다물고
놀란 가슴 적당히 도닥이며
아픔을 잠재울 수 있어야 한다
배 떠난 호수처럼
일상으로 돌아가야 한다
새를 보낸 가지가 잠시 흔들리다
곧 원래의 위치로 돌아오듯

사랑에 눈 뜬 사람은
눈을 감아야 한다
첫 입맞춤을 기억하기 위해서가 아니라
아픈 현실에 장님이 되어야 하기 때문이다
손수건을 준비해 두어야 한다
시도 때도 없이

현실이 눈물샘을 자극할지 모른다

입술 깨물고
눈을 떠선 안 된다
고개를 숙여선 안 된다

짐짓 어른인 체하며
예의 강한 척하며

진리에 눈 뜬 사람은

구도자

고민하지 않는 구도자는
이미 구도자가 아니다
자신을 깨려
손가락을 깨물지 않는 성직자는
이미 성직자일 수 없다

로뎀나무 밑에서
이제 넉넉하오니 내 생명을 취하옵소서
울부짖던 엘리야의 절망
그 절망을 사랑한다
그의 아픔을 폐부로 느낀다
나무 아래 있는 나를 발견한다

주여, 나는 본래 말에 능치 못한 자니이다
보낼 만한 사람을 보내소서
인생의 황혼녘에
털복숭이 햇살 아래 쪼그리고 앉아
마른기침을 뱉는 늙은이의 절망을 사랑한다
앙다문 입술과 나부끼는 머리칼

부리부리한 눈, 다부진 체격
칼바람 앞에 당당히 서던 영도자 모세가 아니라
한 무력한 촌로인 모세를 사랑한다

내가 죄악 중에 출생하였음이여
모친이 나를 죄중에 잉태하였나이다
나로 기쁘고 즐거운 소리를 듣게 하사
주께서 꺾으신 뼈로 즐겁게 하소서
밧세바를 겁탈하고 그의 남편을 살해한 후
선지자의 꾸지람 앞에 무릎 꿇던 다윗
나는 다윗의 그 눈물을 사랑한다
왕으로 칭송받던 성군 다윗보다

오호라 나는 곤고한 사람이로다
누가 나를 이 사망의 몸에서 건져 내랴
이 절망과 아픔, 간절함이 없었다면
어찌 바울이 사도일 수 있겠는가
평생 육체의 가시를 달고 살던 바울,
처절하리만큼 자신의 몸을 학대하며

그리스도께 가까이 가려 몸부림친 바울을 사랑한다

오늘도 그분 닮으려 나를 허문다
얼마큼 낮아져야
그분 자리 다다를 수 있을까

절대자는
기고만장 속에 자신을 감춘 맹목적인 확신자보다
몸부림치며 고민하는 구도자 속에 계신다

고민하지 않는 성직자는
이미 성직자일 수 없다

해질녘

어둑해지는 해질녘
이름을 부르시던 할머니

하던 놀이 멈추고
달려가던
유년의 행복한 기억
언제나 가슴 설레었는데

인생의 해거름녘
당신이 부르시면
하던 일 멈추고 달려가야지
휘이휘이 달려가야지

출발선에 선
단거리 선수처럼

갈대와 별빛

한 소년이 있었네
꿈 많던 까까머리 소년은
봄이 오는 길목을 찾아
들판에 나섰네
그러다 문득
봄은 갈대를 타고 온다는 걸 알았지
어른이 되어서도
갈대를 꺾지 못했네

한 소년이 있었네
가슴에 꿈을 품은 소년은
빛이 오는 길을 찾아
벽 없는 원두막에 누웠네
그러다 문득
빛은 별빛을 타고 온다는 걸 알았지
하늘을 올려다보며 살다가도
구름 낀 날이 많아지면서
밤하늘 보는 일도 시들해졌네

얼마의 시간이 흘렀을까
꿈에서 깬 소년은 황황히
별을 찾아 집을 나섰네
봄을 찾아 길을 떠났네

비바람 극성떨던 밤
별을 찾아 집을 나선 소년은
어느 바람계곡에 쓰러져
꽃이 되었을까
어느 강가
버려진 빈 배 곁에
갈대 되었을까

소년이 사라진 뒤에도
여전히 강가엔 갈대가 피고
밤하늘엔 표표히 별이 떴다네

자기 땅에서 추방당한 자

아는 자 많지 않을 게다
다방 유리벽에 갇혀
할 일 없이 낙서만 끄적이며
탈출을 시도한다
도심 한복판에 유배지가 있다는 걸
아는 자 많지 않을 게다

하늘엔 핏기 없는 낮달 하나 걸리고
대지는 겨울 예감에 웅크린 늦가을
인간이 너무 그리워
인간 되어 내려온 분을 생각한다

얼마큼 커지면
벌레만도 못한 인간들을 사랑할 수 있을까
얼마큼 맑아지면
앞을 다투어 내려가는 물처럼
낮아질 수 있을까

사람이 그리워 그리워 그리워

인간 되어 내려왔건만
인간의 냉대로 인해
다시 십자가에 달리고
바쁜 사람들
아무 일 없다는 듯 짐짓 눈 돌려 외면한다

자신이 만든 세상에 왔건만
자신의 사람들에게 배반당하고
살과 뼈를 내주신 이

사랑하기 때문에
배반마저도 달콤하고
십자가까지도 소중했던 분
자기 땅에서 추방당한
행복한 이여

탕자의 고백 1

단풍 속에 있을 땐
색깔을 잘 모르지만
산에서 멀어질수록
타오르는 색깔을 확연히 느낄 수 있듯

함께 있을 땐 몰랐는데
떠나 보니 당신의 사랑
이제 알겠습니다

한 계절을 위해 두 시절을 견디는 단풍처럼
당신 위해 펄펄 타오를 날을 위해
오늘의 색깔을 내면 깊숙이 간직하게 하소서
사랑의 홍역을 겪은 단풍만이
온몸이 활활 타올라 불덩이가 되듯
사랑하지 않고는 견딜 수 없는 마음을 주소서
비워 내지 않고는 참을 수 없는 사랑을 주소서

떠나간 이 몸 위해
싸리문 열어 놓고

밤마다 동구 밖 불 밝히며
나를 기다리신 당신

그 사랑이 못내 그리워
이렇게 울며 돌아옵니다
당신의 버선발이 못내 그리워
이렇게 울며 돌아옵니다
당신의 사랑 감당할 길 없사오니
그저 따스한 국밥이나 한 그릇 말아 주소서

탕자의 고백 2

내가 움직이지 않으면
당신도 움직일 수 없으셨다죠

지난날을 회개하며 일어섰을 때
당신은 툇마루를 서성이다
동구 밖까지 달려나왔네
버선발에 담긴
당신의 가이없는 사랑

내가 일어서면
당신 뛰어오고
내가 걸어가면
당신 날아오시네

나 숱하게
당신 배반하나
당신은 날 위해
용서의 가락지를 매만지시고

나 당신 향한
원망의 활에 살 먹이나
당신은 날 위해
그 살진 송아지 여물 먹이시네

세상에 많은 사랑 있지만
용서만큼 큰 사랑이 어디 있을까
창녀의 입술 더듬던
더러운 내 입술 위에
포개지던
당신의 심장

향락으로 망가진
욕된 육신 위에
덮이던 당신의 배려

이젠 당신 떠나지 않겠어요

울며 숨죽인

내적인 고백

약속

꿈에서 깬 후

다시
그대 있는 곳으로
들어가는 명령어를 떠올려 봐도
기억나지 않는다

말없이 떠난 나를
기다리고 있을텐데

눈 내리는 공중전화 부스 옆에서
언발을 꽁꽁거리며
하냥 기다릴텐데

좌판을 아무리 두들겨봐도
꿈은 꿈이다
내 잠 속에서
눈이 내린다

드라이 플라워(Dry Flower) - 우리 시대의 사랑

살짝
건들기만 해도
폭삭 내려앉을 것같은
위태로움

시간 따라
심장의 더운 피가 빠져나가고
세포도 파괴되고
덩그란히 남아 있는
형상

지난날
그리움만
시든 꽃잎 위에 반추되어
무너지는 삶을 버틴다

문주란

반도땅 남도(南島)
만년을 함께 살자던
손주를 홀로 두고 떠난
할매의 혼백일까

떠나도 떠나도 떠날 수 없어
꽃으로 피어난 사랑
죽어서라도
널 지킬 꺼야

한여름이면
그윽한 향기 온 섬을 덮고
타오르는 꽃잎 되었네

그리움이 녹아내리면
향기되는가
그 향기 한 번 맡으면
두고두고 잊지 못하지

죽음을 넘어선
할매의 사랑
시간을 초월한 할매 사랑이
만년초(萬年草) 되었네

모세에게

벌써 40년 전의 일이라네
불혹의 나이를 넘어서면서
민족을 위해 무언가를 해야 한다며
조바심치던 자네
결국 애굽인을 살해하고 광야로 도주하던 때가

해임의 인사도 제대로 하지 못하고
옷가지도 챙기지 못한 채
허겁스레 미디안으로 도망했지
행방불명이 되었다고
그토록 자넬 찾았었는데

차라리 처음부터 아무것도 몰랐더라면
그 괴롬, 그 방황은 없었으련만
어쩌다 조국을 사랑하는 법을 배워가지고
그 고생을 자초하고 있었나
그러나 기실 그것이 운명이라면
그 운명까지도 사랑하게 해 달라고 기도해야 될 걸세

살인자라는 오명을 씌워
자넬 그 곳으로 쫓아 버리신 그분
40년의 세월에 젊음이 가고
육신은 낡은 목조건물처럼 삐걱대지만
이제
거룩한 사명 앞에 다시 서게나

바람을 날려 촛불을 꺼도
더욱 선명하게 살아왔을 궁궐의 삶
과거를 기억하는 것만으로도
숱한 채찍이 되어 가슴이 멍들었겠지만

이젠 일어서게나
떠밀려 밀려 왕이 되어야
진짜일 거라 생각 키우며
자넬 그리네

양을 치던 까칠까칠한 손으로
우리의 사치와 절망을 쓸어 가게나

꿈이 있어 서럽고
이상 높아 괴롭다던
자네의 그 젊은 기백이 정말 그립네

있어야 할 곳에 있게 하기 위해
음험한 광야에서 지내온 세월
새벽 되어 돌아오는 자넬 맞기 위해
앞마당 화톳불 살아 있다네

주의 책에서 내 이름을 지울지라도
동족을 죄 가운데 멸하지 마소서

생명을 담보로 민족을 구한
자네 기도로
희뿌연한 우리의 내일을 열어 주게나

아 -
얼마나 지치고 오래 참았나
이 한 마디 읊조리는 자넬 맞기 위해

자네 같은 지도잘 맞기 위해

달려오게나 이 사람, 모세
길은 길 위에 포개어 보이지 않고
별빛 한 조각 흐르지 않는
깊은 밤일지라도

자네가 오기 전에는
역사의 마침표를 찍을 수 없네
자네가 오기 전에는

그리움의 사랑

사랑하기보다
그리워하기가 더욱 어렵다는 것은
그리움으로 인해 열병을 앓고
밤을 새워 본 사람은 쉬 안다

오지 않는 편지를 기다리며
신새벽 얼음 강가 머리를 감고
끊어진 사연 기다리며
외출복 차림으로 밤을 하얗게 사르는
기다림의 형벌

오늘 밤도 헛된 그리움에
촛불 밝힌다

크고 작은 바늘이 나란히
12시 고개턱을 힘겹게 넘는 시간
누굴 기다리며 깨어 있는가
누굴 생각하며 잠 못 드는가

사랑하며 살지 못하면
팔십의 강건함이 무슨 소용 있을까
그리워하며 살지 못하면
그 많은 명성과 부귀가 무에 소용 있을까

다시 오마
황홀한 약속 남기고 떠난
왕자를 기다리는 시골처녀의 마음으로
오늘도 간이역에 턱 괴고 앉아
당신 기다리오니

속히 오소서 마라나타
속히 오소서 마라나타

정학진의 첫 시집 비평

김병훈

1. 정학진, 참으로 괴로운 이름이다.

 요즘 몇 달 동안이 그렇단 말이다. 불쑥 전해진 그의 시편을 보며, 게다가 그의 시들을 평해야 한다는 부담감 때문에 입술이 부르트고 피부가 까칠해졌다.

 자신의 첫 시집에 나의 시평을 싣겠다는 그의 따뜻한 마음을 이해하기까지는 너무도 힘이 들었다. 꼭 다섯 달이 지났다.

 어젯밤 그의 전화를 받고는 한 숨 잠을 이룰 수 없었다.

 인생의 황금기에 피로 쓰여진 그의 시가 나의 무지몽매한 곡필로 인해 왜곡될 것만 같은 두려움 때문이었다. 깊은 정글 속에 살던 미개 소녀가 화려한 조명을 피해 몸을 숨기듯 그의 독촉과 전화를 피하여 그가 내 글 없이 책을 출판하기를 기다렸다.

 그러나 그는 인내로 못난 친구의 글을 기다려 주었다.

 마치 월간지 주간이 자신의 속은 타면서도 내색하지 않고 청탁자의 원고를 기다리듯.

 고민 고민 끝에 결론을 내렸다. 내가 그의 글에 대해

어떤 말을 한다 해도 그는 품어 줄 것이다. 조금은 편해진 마음으로, 아니 그럼으로써 오히려 더욱 부담스런 마음으로 그의 글을 보려 한다.

> 나 온종일 / 당신 얘기뿐인데 / 당신은 날 향해 / 침묵하네 // 내 안엔 온통 당신뿐인데 / 당신 안엔 내가 없고 / 불러도 대답 없고 / 외쳐도 응답 없고…(당신 품안에…6 中)

> 얼마큼 드러내야 / 내 진실 알아 줄거나 // 내면을 드러내도 / 속살 깊이 파헤쳐도 / 언제나 멀직한 당신// 오늘도 등 돌린 당신을 향해 / 가슴을 쪼갠다 / 쪼개는 아픔만이 / 나를 나되게 한다(석류 中)

나에게 있어 그의 이름이 괴로운 이유는 그의 끈기를 뜻한다. 그의 시 전편에 흐르고 있는 끈질긴 구도자로서의 정신력은 책의 마지막 장을 덮는 순간에 이르러서야 비로소 알게 될 것이다. 보일 듯이 보일 듯이 보이지 않던 시인과 신과의 만남, 현대를 살아가는 인간 군상 누구나 헤매었을 세상에서도 용케 시인은 흐트러지지 않은 정신세계를 보여 준다. 이미 책의 제목이 암시하고 있듯이 그는 독자들에게 철저하고도 끈질기게 구도자의 지팡이가 되어 준다. 누구라도 그의 시에서 그리움의 대상을 만날 수 있다. 그것도 아주 가까이에 있던.

저물녘 / 당신은 푸석하고 메마른 가슴 위에 / 한줄기 비로 내리고 // 하마 채우지 못하는 우울한 가슴 / 텅 빈 공간을 채우려 / 잠깐동안 비되어 찾아온 당신 // ⋯ // 왜 / 내 사랑은 / 막혀 있기만 한 걸까요 / 어둡기만 한 걸까요 // 이제 내 속에 스며들어 있는 / 당신을 찾고 싶습니다 / 당신 품안에 있으면서도 나는 당신을 찾았습니다(당신 품안에⋯2 中)

절대자를 찾아 나서는 그의 구도행렬은 처절하다. 무신론 시대, 세속화된 사회에서 궁극적 실체와의 만남을 이루기 위한 그의 '신찾음'은 하나의 몸부림일 수밖에 없다.

내 몸뚱어리에 신나를 붓고 / 성냥을 그어댄다 해도 / 그 연기 당신께 오를 수 있다면 // 배를 가르고 / 장기 하나를 떼어 내 / 당신의 모습을 닮은 누군가에게 / 당신이 그러했듯이 / 아무 조건 없이 주어 / 그 향기 당신께 오를 수 있다면⋯(당신 품안에⋯9 中)

2. 정학진, 참으로 웃기는 이름이다.

그와의 첫 만남은 1982년으로 거슬러 올라가지만 그가 내 의식 속에 깊이 각인된 사건은 1983년으로 기억된다. 그 해 가을, 몸의 저항력을 잃고 병의 노예가 되어 허덕이던 나는 기숙사에서 가물거리는 의식 속에 쓰러졌다. 100킬로에 육박하던 내 몸을 업고 뛸 인간은 기숙사 내에서 그밖에 없었다. 500미터가 족히 됨직한 거리를 날 업고 내달렸단다. 한밤중에 서대문 적십자 병원 응급실에 실려 간 나의 병에 대해 궁금해 하는 친우들에게 '말할 수 없는 병'이란 그의 장난스런 말투가 와전되었다. 계속해서 친구들은 어디가 잘못된 것이냐 물었고 그는 '은밀한 곳'이라 대답함으로써 나는 곤욕을 치렀다. 그때 일로 심각한 오해를 사기도 했지만 나는 늘상 그의 재치를 부러워했다.

그와 사귀어 보면 세 가지에 놀란다고 육군 군목 전종한 목사는 말한다.

험상궂은 얼굴에서 튀어나오는 유머가 그 첫째이다. 그는 기발한 재치와 넘치는 유머로 장내를 폭소로 만들곤 한다. 그러나 그의 웃음 제조는 '값싼 웃음'이 아니다. 그의 유머 속에는 진한 아픔이 들어 있다. 여러 행사장에서 사회를 보며 관객을 웃긴 후 기숙사에 돌아와 혼자 우는 것을 보았다. 남을 웃기고 자신은 돌아서 우는 사내, 그의 이런 행위는 헨리 나우웬(H.Nouwen) 교수의 말처럼 "상처받은 치유자"이신 주님을 따르기 위한 한 몸부림인지도 모를 일이다. 진짜 웃음은 알짠 아픔에서 나오지 않던가. 둘째는 큰 덩치에서 나오는 섬세함이다. 그가 쓴 소설은 선이 굵고 중후한 반면 시는 조갯살같이 여리고 섬세하다. 무거운 짐을 벗고 유영하는 새의 깃털 같은 부드러움과 섬세함을 느끼는 것은 어렵지 않다. 셋째는 진지함이다. 공룡 같은 몸짓에서 나오는 그의 진지함과 집중력은 무섭기까지 하다. 언젠가 그는 소설을 쓸 때 17시간을 전혀 움직이지 않고 글을 썼다는 얘길 들었다. 건들거리는 그의 몸 어디에 이런 진지함과 집중력이 들어 있는 걸까?

  그의 시에는 이 모든 것이 다 녹아 있다.

  사랑 같은 열정
  푹푹 끓어 수증기로 피어오르면
  난 뛰어든다 펄펄 끓는 그대의 가슴 속으로

  내 안에 남아 있던 향내, 영양 모두 바쳐야지
  그대에게 남아 있는 이물질 중금속
  모두 빨아들이기 위해
  더 펄펄 끓어야 한다.
  내 안에 것들을 더욱 강렬하게 용해시켜야 한다.
  더 철저하게 나를 부숴야 한다.

  내 몸 전체가 우러나와
  혼곤해지면
  건져 올려질 초라한 슬픔 운명

  난 좋아라

구수하고 향긋한 보리차 되기 위해
지금은 비록 그윽한 향내 아닐지라도
달콤한 향이 아닐지라도
(보리차 티백 전문)

    이것은 한 편의 설교이다. 여인을 향한 애끓는 헌신의 고백이기도 하다. 누구도 생각해 보지 않은 보리차 티백에서 그의 시상(詩想)은 날개를 편다. 구절구절 재미가 넘쳐난다. 그러면서도 보리차 티백의 입장이 되어 펼치는 구성한 치밀함, 바로 목회자로서 평신도를 향한 그의 사랑과, 사명자로서 주님을 향한 그의 결단이 녹아 있는 진지한 한 편의 설교를 이 시에 옮겨 놓았다.

    유머와 섬세함과 진지함 이것은 늘 위로와 충고로 설교해야 하는 목사라면 누구나 갖추고 싶은 재능일 것이다. 그는 얄밉게도 최고의 설교가로서의 재능을 타고난 듯하다. 짧은 한 편의 시에 A4용지 3-4장 분의 설교를 옮겨다 놓기도 한다. 그의 시를 보는 이들은 얼마나 행복할까? 그의 설교를 듣는 그이들은 얼마나 행복할까? 얄밉기만 하다.

너도 네 자신에게로 돌아가야 해 / 방황을 하든 / 고민을 하든 / 네 자신에게로 돌아가야만 해 // 손톱 밑에 찔린 가시엔 / 호들갑을 떨면서도 / 간에 암세포가 자라는 것 모르고 살 듯 / 눈에 보이는 것만 전전했지 / 더 깊은 세계가 있다는 것을 / 애써 외면하려 하는 네 비본래성을 // 불치의 병에서 놓임 받은 환자가 / 작은 타박상을 불평하듯 / 언제나 귀한 것 놓치고 / 불평하는 네 삶의 태도를 // 서로가 자신에게로 돌아가야 해 / 본래적인 자아에게로(비본래적인 삶 中)

… / 내 손 꼭 잡거라 / 이렇게 복잡한 시내에서 놓치면 큰일난다 // 당신이 내게 말씀했을 때 / 나도 당신께 말했어야 하는데 // 힘이 없어 놓치기 쉬우니 / 당신이 내 손 꼭 잡아 주세요 / …(당신품안에 … 11 中)

… / 죽었다고 비웃지 말아라 / 죽은 게 아니라 자고 있을 뿐이다 / 아니 보이지 않는 곳에선 / 더 가열찬 생명에의 활동을 하고 있다 // 봄은 모든 만물에 공히 오지 않는다 / 겨울을 잘 보낸 나무에게만 / 꽃 피는 봄이 온다… (겨울나무 中)

그리고 그의 시구에는 늘 장난스럽고 천진난만한 개구쟁이의 모습이 숨어 있다. 졸지에 어미를 잃고 어느 날 불쑥 자라버린 개구쟁이 같은 모습으로, 고통 속에서도 결코 잃지 않는 유머는 하나님이 그에게 준 최고의 선물이리라.

이름 붙이기 좋아하는 아담의 후손들은 / 세상 모든 사물에 이름을 붙였다 / 달이 지나는 길을 월경(月經)이라 하고 / 소녀가 가는 길을

소녀경(少女經)이라 했다 … (길 中)

사람에게 있어 최선은 / 태어나지 않는 것이고 / 차선은 되도록 일찍 죽는 것이라고 / 소포클레스인지 / 소 포클래인인지 말했다지만 / … / 자연적인 죽음이 찾아오기 전에 / 스스로 죽음을 죽으면 되는 것이라며 / 쇼펜하우어인지 / 쇼 팬티하우스인지 말했다지만 …(영전 앞에서 中)

전술(前述)했듯 그의 해학은 '아픔'이란 통과의례를 거친 유머이다. 따라서 그는 무신론 시대 이후나 세속화의 물결이 세상을 휩쓰는 '철없음의 문화' 이후에도, 또는 사랑하는 이를 떠나보내고 돌아오는 극단적인 상황 속에서도 사물을 보는 따스한 눈길을 잊지 않는다.

그리움을 묻고 돌아서니 / 겨울입니다 / 당신을 언 땅에 꾹꾹 눌러 심고 / 돌아서 내려오니 / 팝콘 같은 눈발 속에 당신 얼굴 흩날리고 // 온통 당신입니다 // 당신 품안에 있으면서도 / 나는 당신을 찾았습니다(당신 품안에 … 3 中)

3. 정학진, 참으로 고민스런 이름이다.

그의 글을 읽으면 풍성한 가을 하늘이라기보다는 낙엽 지는 을씨년스런 느낌이 든다. 시의 텃밭은 우울하던 80년대 초이다. 그는 지난 세월을 빚진 자의 심정으로 살아

왔다. 힘도 용기도 없는 나약한 사내의 모습. 온몸 던져 불의에 항거하던 친구를 보며 그의 유머는 속내를 가리기 위해 쉼 없이 튀어나왔고 그를 아는 사람은 누구도 그를 미워할 수 없었다. 자신만을 제외하고는….

그때, 운동에 미치지 않으면 조금은 비겁할 수밖에 없었던, 비겁하지 않으면 나머지를 견뎌 낼 수 없었던 소시민의 마음이 모두에게 있었다. 그는 비겁해지지 않기 위해 신 앞에 무릎을 꿇었고 미치지 않기 위해 글을 썼다. 그의 시 속에는 한 편의 노래가 있다.

그토록 깨어지고 망가지면서 지난 모래시계 세월을 살아 왔다.

얼마나 심한 아픔으로 / 피부가 가시로 돋았을까 // 맹수의 공격을 막기 위해 / 가시가 된 것은 아니다 // 밖으로 드러나는 허영과 교만 / 영혼의 비만증을 없애려 / 잎 같은 삶을 접어 가시로 바꾸었다 // 태양빛보다 더 버거운 자신과의 싸움 // 아… 어…지…러…워…(선인장 中)

시인의 아픔은 쉽게 표현되지 않는 내적 갈등이다. 온몸의 피부가 가시로 돋고, 외부에서 주어지는 숱한 압력과 고통보다도 더 힘겨운 자신과의 싸움을 싸워 왔다. 그러나 그 힘겨운 아픔의 세월 속에 내면 깊이 간직한 '죽음보다 깊은 그리움'을 잉태하고 있다.

… / 모두 떠났지만 / 쉬 발을 뺄 수 없다 / 오늘도 차디찬 논바닥에 발 담그고 서서 / 풍성하던 가을 하늘을 반추한다 / 아무리 베어져도 / 뿌리째 뽑힐 순 없다 // … / 농부들은 봄 날 모를 심는다 / 무너져 거름된 내 위에 / 자신을 심는다 / 넘어진 희망을 심는다(그루터기의 노래 中)

… / 비는 부딪칠 때 비로소 살아 있다 / 꽃잎 위에 떨어져 / 향기를 내고 / 풀섶에 떨어져 / 나무와 풀을 키운다 / 메마른 대지에 부딪치며 / 만물을 먹인다 // … / 부딪치며 깨어질 때 / 비로소 비는 살아 있다(비는 제 혼자 소리를 내지 않는다 中)

시인은 도전과 응전 속에서 살아 있음을 느낀다. 그는 깨어지면서 비로소 살아 있음을 실감한다. 알뜰살뜰 망가지고 깨지면서 자신의 존재 이유를 발견한다. 지난 세월 동안 그는 쉴새없이 세상 속에서 부딪쳐 왔으며 상처 입은 몸이 되어 비로소 자신의 존재를 확인한다

4. 정학진, 참으로 등신 같은 이름이다.

1986년 졸업 후 모임에서나 가끔 만났을 때 지나는 말로 인사를 나눌 정도였다. 그러다 지난 1994년 3월 늦깎이 대학원생으로 캠퍼스에서 다시 만났다. 3월 첫 주간 우연히 그와 함께 서대문 근처의 허름한 여관에서 동숙한 적이 있다. 한 학기 동안 같이 방을 썼지만 정말이지

처음으로 가슴을 열고 그와 대화를 나눌 수 있었다. 그는 93년 8월에 군종 장교(군목)로 전역을 하고 여러 달째 목회자리를 찾다가 오산교회에 파트타임 부목사로 가기로 되어 있었다.

그 때 나는 생각했다. '군목 생활 4년이 넘도록 했겠다, 아내가 8년째 교사이겠다, 집 한 칸 마련할 돈은 벌었나 보다' 라고.

그런데 아주 우연히도 그가 집을 얻으며, 그것도 그 덩치에 넓지도 않은 전셋집을 얻으며 박박 긁어모은 돈이 몇 백뿐이어서 천 얼마를 여기저기서 빌렸다는 소리를 들었을 때, 겉으로는 약아 보여도 속은 순전한 그를 다시 보게 되었다. 어딘지 약아 보여서 자기 밥그릇 정도는 어지간히 챙기는 줄 알았던 그가 가장 참담한 심정으로 돈을 빌리러 다녔다는 사실에 나는 도리어 감사했다. 덩치만큼 욕심 많은 친군줄 알았던 그는 덩치만큼이나 충실한 목회자였다. 버리려 했던 친구가 어느 새 가장 가까이 와 있음을 느낄 수 있었다. 그는 천상 목사이다. 그리고 시인이다. 나는 비로소 내 눈에서 비늘이 벗겨짐을 느꼈다.

비린내 나는 생선도
불에 구워지면
냄새가 변하고 맛이 나듯
나도 당신 불 위에 놓이면

변할 수 있을까요

프라이팬에
눌어붙지 않기 위해
밀가루 옷을 입히고
기름을 쳐야 하듯
뜨거운 불에 달궈져야 하듯

나도
기도의 옷을 입고
말씀의 기름을 부어
성령의 불에 달궈지면
당신의 맛
살아날 수 있을까요

나를 당신의 불 위에 올려 놓으소서
뜨거운 불로 구워
나를 바꾸소서
(당신의 불 위에 전문)

철저한 자기고백적 시이기에 시인은 아름답다. 그리고 그는 또 무익한 종이었던 자신을 위해 십자가를 지고 채찍을 맞았던 그분을 기억해 내며 묵묵히 그분의 십자가를 지킬 원한다. 양보하면 바보가 되고 약삭빠르지 못하면 등신 되는 세상에서 그는 늘 바보 같은 쪽을 택하려 한다.

> 깊은 계곡은 / 품에 있던 물을 / 끊임없이 흘려 보내며 / 다시 채워지듯 // 떠나야 / 가득 참을 / 당신 떠난 뒤 알았습니다 // … / 나를 끊임없이 떠나보내신 당신 / 나도 당신 떠나보내면 / 당신으로 가득 찰 수 있을까요 // 사랑은 떠나는 것 / 신앙은 버리는 것 / 떠나보내야만 하는 것 // 모든 것 버리고 텅 비면 / 그땐 다시 / 당신으로 가득 찰 수 있을까요 … (당신 품안에 …5 中)

5. 정학진, 참으로 그리운 이름이다.

그리움!

이 단어는 사랑보다 깊다. 정학진의 시상은 그리움에서 출발한다.

솔로몬의 아가서처럼 때로 그의 시는 신을 향하다가도 어느 새 인간을 향해 있다. 궁극적인 실체를 추구하다가도 어느덧 구체적이고 현실적인 관심으로 눈을 돌린다. 그러기에 그의 시는 모든 사랑하고픈 이들에게 읽히고 싶다. 그의 그리움 가득한 시에는 눈물겨운 고백이 있다. 상처까지도 덮어낼 짙은 애절함이 있다.

> 사랑한다는 말

안 해주셔도 됩니다
그저
곁에만
있어 주시면 됩니다
빙그레 웃는 웃음만으로
그렇게 지켜만 주십시오

오지 않으셔도 됩니다
그러나
깊고 시린 밤
견딜 수 있게
그리움 한 자락
가슴에 심어 주십시오

사랑보다 깊은 그리움으로
그댈 그리워하게 하십시오
(사랑보다 깊은 그리움 전문)

  또한 시인은 그렇게 구도자의 길에서 낡아감에도 푸근한 감사의 제사를 드리고 있다.

목마른 인생
허한 삶

당신을 사모하다 낡아갑니다
당·신·을·향·한·내·목·마·른·사·랑…
(당신 품안에…9 中)

그의 시에는 눈물이 배어 있다. 예수를 잉태한 마리아가 민중의 염원 메시아를 낳기 위해 처녀로서의 제도적, 인습적, 사회적 모든 시련을 견뎌 내야 했던 것처럼, 시인은 그 분을 향한 애절한 그리움 속에서 시련을 헤쳐 나가고 있는 것이다. 그러하기에 그의 시는 결론으로 치달으며 더욱 황혼의 아름다움을 전달한다.

강물을 타고
노을은 어딜 가는 걸까?
쉼없이 흐르고 흐르면
님에게까지 다다를 수 있을까?

서럽서럽
흐느껴 울며 흐르는 강물에
낡아져 가는 나를 띄우면
당신 나라에 이를 수 있을까
…
(노을 中)

그의 시는 부드러운 봄바람이다.
그의 시는 사무치는 그리움이다.

당신 찾기 전에는
내가 나일 수 없습니다
나를 만나기 전에는
당신도 당신일 수 없습니다 (당신 품안에…11 中)

로뎀나무 아래서 절망하는 엘리야, 마른기침 뱉는 늙은 촌로 모세, 죄악 앞에서 무릎 꿇은 다윗, 가시로 인해 절망하며 처절하게 자신의 몸을 학대할 수밖에 없었던 바울, 바로 그들 속에 하나님이 임재하셨듯, 몸부림치며 고민하는 속에만 하나님은 함께하신다. 그러한 고민이 그 속에 있었기에 그는 감히 이렇게 썼다.

고민하지 않는 구도자는
이미 성직자일 수 없다 (구도자 中)

당신을 만난 것은
내 인생에 아픔이었습니다
그러나 그 아픔 있을 때에만
내 삶엔 의미가 있었습니다

(중략)

당신을 만난 것은
내게 불행이었습니다
그러나 그 불행으로 아픈 세월을 이겼습니다…
(당신 품안에…12 中)

주를 향한 그리움은 애틋한 사랑으로 표현되고 있다. 그의 시는 신앙시이면서 또 애틋한 사랑의 시이다. 그러면서도 아가서가 그렇듯이 경전의 한계를 교묘히 넘나든다.

다시 오마
황홀한 약속 남기고 떠난
왕자를 기다리는 시골처녀의 마음으로
오늘도 간이역에 턱 괴고 앉아
당신 기다리오니(그리움의 사랑 中)

사랑하기 때문에
배반마저도 달콤하고
십자가까지도 소중했던 분
자기 땅에서 추방당한 행복한 이여(자기 땅에서 추방당한 자 中)

이상에서 처럼 그의 시에는 마음 편한 사랑 얘기만이 담겨있지 않다. 늘 애절하고 그리움에 뭉쳐진 그의 시는 보는 이로 하여금 더욱 애닯게 한다. 그러면서도 그의 시에는 결론이 있다. 절대자를 향한 구도자처럼 그의 사랑에는 종착이 있다.

당신 품안에 있으면서도 나는 당신을 찾았습니다!!

이것이 그의 시의 큰 주제이다. 결론은 이미 있음에도 그의 시는 여전히 삶의 뒤안길에서, 혹은 저잣거리에서 궁극적인 실체를 찾아 헤매는 모든 사람들의 염원을 담고 있다. 만약 그저 아련한 사랑으로만 끝나 버린다면 그의 시도 그저 연애시일 뿐이다. 그러나 아련한 그 끝에는 가슴 시린 그리움이 뭉텅뭉텅 묻어난다. 그래서 그의 시가 좋다. 인간을 향한 절대 사랑을 지니셨던 그분처럼, 그분을 닮은 그의 시에도 인간을 향한 애련이 있다. 결코 포기할 수 없는 사랑이 있다. 그의 시는 독자로 하여금 오랫동안 사랑을 노래하게 할 것이다. 소월의 시, 영랑의 시, 동주의 시가 오늘까지 노래되듯 그의 시도 영원한 화두에 있기를 기대해 본다.